Veridianas

O livro de aforismos

CARLOS NEJAR

Veridianas

O livro de aforismos

© Editora Serena, 2021.

Todos os direitos reservados. É vedada a reprodução total ou parcial desta publicação, por qualquer meio, sem autorização expressa da Editora Serena. Nenhuma parte desta obra pode ser reproduzida ou transmitida em qualquer formato: físico, eletrônico, digital, fotocópia, gravação ou sistema de armazenagem e recuperação de informação. Essas proibições também se aplicam às ilustrações, imagens e outros aspectos da obra. A violação de direitos autorais é punível como crime.

Direção editorial: Soraia Reis
Revisão: Mauro de Barros
Capa, projeto gráfico e diagramação: Aline Benitez
Ilustração de capa: Shutterstock

1ª edição – São Paulo

Dados Internacionais de Catalogação na Publicação (CIP) de acordo com ISBD

N417v	Nejar, Carlos
	Veridianas: O livro de aforismos / Carlos Nejar ; direção de Soraia Reis. – São Paulo : Editora Serena, 2021.
	96 p. ; 14cm x 21cm.
	ISBN: 978-65-993536-9-7
	1. Aforismos. I. Reis, Soraia. II. Título.
2021-3234	CDD 398.9
	CDU 82-84

Elaborado por Odilio Hilario Moreira Junior - CRB-8/9949

Índice para catálogo sistemático:
1. Aforismos 398.9
2. Aforismos 82-84

Editora Serena
Rua Cardeal Arcoverde, 359 – cj. 141
Pinheiros – 05407-000 – São Paulo – SP
Telefone: 11 3068-9595 – e-mail: atendimento@editoraserena.com.br

À Elza: na soma de amor, resignação e alma.

E para a tradutora e amiga Manoela Torres, que hospedou minha palavra em inglês.

Os aforismos solapam os dogmas.
LUDWIG WITTGENSTEIN

Nada me atrai senão a claridade.
PAUL VALÉRY

E saiba, tudo o que floresce declina.
W.B. YEATS

O aforismo é forma de eternidade.
F. NIETZSCHE

As obras morrem: os fragmentos, como não viveram, não podem morrer.
E.M. CIORAN

Posso feliz quebrar o espelho.
MARIANNE MOORE

Contradizer-se... Que luxo!
JEAN COCTEAU

Os fragmentos de um homem são mais valiosos do que ele.
ELIAS CANETTI

Sumário

DO ENGANO, DA DOR E DO CORPO 13

DA SABEDORIA E DO EQUILÍBRIO 47

DA CORAGEM, DA PERSEVERANÇA
E DA HUMILDADE 65

DA IMAGINAÇÃO, DO SONHO E DO AMOR 81

DA VIDA, DA ALMA E DE DEUS 105

AFORISMO 131

CARLOS NEJAR 133

CRÍTICAS SOBRE O AUTOR 138

DO ENGANO, DA DOR
E DO CORPO

MEU EQUILÍBRIO é o perigo de atravessar a morte.

*

A razão nunca é inocente.

*

A morte não tem diálogo.

*

A semente pode ter uma sombra podre.

*

A justiça apenas julga sobre o que deseja.

*

Quem quer mais do que pode perde o que tem e o que não tem.

*

A palavra ociosa arrasta o juízo.

*

A fábula é o começo do mito.

*

A velhice nos vai cercando mais de mortos do que vivos.

*

Poderes se encontram na sombra. Poucos trabalham a luz.

*

Corpo, assembleia de pássaros.

*

Não há lente capaz de atravessar a escuridão. Não há escuridão que se esconda dentro de uma lente.

*

Pode ser mais penoso suportar a vida do que suportar a morte.

*

A perfeição morre de sede.

*

Eu sei como se morre. Já comecei.

*

Zombamos do que nos ultrapassa.

*

O poder sem a possibilidade é uma cauda que tenta morder o cão.

*

A loucura, razão avariada.

*

Remorso: azeite escuro.

*

A morte, como a areia movediça, só afunda.

*

Um nó de víbora, a inveja.

*

Para eliminar o mal que nos ataca, ficamos demasiado tempo sem respirar debaixo d'água.

*

Quanto mais se come mel, mais nos aprisionamos no favo.

*

O mar só morre na onda.

*

Humor, relógio voluptuoso da inteligência.

*

Vemos os homens pelos olhos dos cães.

*

Só as ações perpetuam as palavras.

*

É tão feroz o corpo: não deixa caber a alma.

*

O exílio morre de exílio.

*

O céu fabrica as andorinhas e as andorinhas engolem a luz.

*

O destino pesa como uma pedra.

*

A velhice jamais levita, só sabe cair.

*

É movediça a margem das coisas. Nunca se chega ao centro.

*

Os escombros e as cinzas é que nos sobrevivem.

*

A loucura tem inefável sabedoria. Artista é o que a consegue domar e manipular.

*

Os espelhos olham de dentro da loucura.

*

É o alvo que engole a pontaria.

*

Emprestar é ir perdendo.

*

É o momento de vigiar os degraus: sobem quando descem.

*

Morrer de começar a lembrar.

*

A sílaba da dor goteja sob a língua.

*

Tudo morre no uso.

*

Só o sofrimento alcança a liberdade.

*

A memória quer mais memória e o esquecimento, mais esquecimento.

*

Somos inquilinos sempre de alguma esperança. Sem casa.

*

O lobo é amigo do homem e inimigo do lobo.

*

Os néscios se unem contra o mais forte, por defesa da espécie.

*

A vida se oculta na morte para sentir-se viva.

*

Até aonde devo morrer, eu vou.

*

Não tenho o que sou, tenho o que não sou.

*

O que existe é a sonolência das coisas, o pavor de não conhecer o dia seguinte.

*

O ódio elimina o equilíbrio do espírito.

*

O lobo não precisa convencer a ovelha: devora.

*

O descuido da morte é a morte.

*

Debaixo da terra não há genialidade, nem genealogia.

*

Não pude comer o sol, comi o deserto.

*

A razão de viver é a de perder.

*

O homem é o animal que se inventa para se ocultar.

*

O esquecimento é a faculdade passiva da memória.

*

O grande tem a consciência do tempo e o pequeno só de si mesmo.

*

O tempo humano é veloz na felicidade, longo na dor, pacato na agonia e a morte é um relâmpago.

*

O eco muitas vezes é maior do que as palavras.

*

O limo é a solidão das pedras.

*

Ao que espera mais, tudo em torno esperará.

*

Basta um pouco para desenterrar a memória.

*

A dor é onde não acaba a alma.

*

A morte não tem resíduo.

*

O sofrimento, sala de espera e varanda de avistável sabedoria.

*

A morte não tem nada que a enalteça, só diminui. Até a poeira dos ossos.

*

Honesto dissabor da pedra, o medo.

*

A lisonja devora o lisonjeador pela boca.

*

Todos os animais se parecem no medo ou na morte. Só a palavra distingue o homem.

*

O poder reúne as coisas mínimas, para esquecer as grandes.

*

Não há civilidade na intolerância.

*

O excesso de mídia e o declínio da palavra criadora indicam o declínio de uma nação.

*

Os medíocres e idiotas, ao tentarem dinamitar a poesia, se dinamitam.

*

O poder não suporta por muito tempo o poder. Por excesso de sede.

*

A infelicidade é um rio sem margem e sem peixes.

*

O vento que geras em tua casa vem contra ti na tempestade.

*

Só o que é vivo se devora.

*

O que sei é o que ignoro.

*

Não é longo o intervalo entre o triunfo e a queda. Como a pedra que está caindo, não sobe. E o ar jamais é plantável.

*

Ingratidão: vazamento do espírito.

*

O excesso de leis é o excesso de impunidade.

*

O juízo da lei sem provas é inócuo. E o juízo de provas sem aplicação da lei é arbítrio.

*

O poder é sonolento e outras vezes, insone. Nesses extremos, é difícil suportá-lo.

*

A desconfiança é o primeiro atributo de um governante. E para durar, precisa inventar esperança. Mas o grito do povo não é por muito tempo sufocável.

*

O sobrevivente é o que morre.

*

O tempo não tem atalhos; a república quer encher o concreto com o abstrato. Mas deixa fios soltos, sujeitos ao desastre.

*

O corpo vê melhor do que os olhos.

*

O dogma é um cogumelo preso entre as flores.

*

O absoluto é a areia do mar.

*

A injustiça é um buraco de ar que vai engolindo sonhos, árvores, plantas, seres. No início é invisível, depois é tão palpável que só pode ser preenchido por uma grande justiça.

*

Ignoramos a borboleta que pousa no rochedo, não o rochedo de pé diante do mar.

*

O gênio não tem metade, tem obsessões.

*

Há corações que não escutam e usam por medo o silêncio.

*

As opiniões políticas nos julgam e as culturais nos conciliam.

*

Miudeza, avareza do instinto.

*

O rumor é vizinho que não tem ouvidos.

*

Ignorância: entusiasmo complacente.

*

A tristeza se atrasa de piedade.

*

A vida só conhece a vida, morrendo.

*

Os símbolos dormem somente com os vivos.

*

O rancor é celibatário.

*

O que armazena tempo armazena os mitos.

*

Os mortos retêm seu sigilo nos ossos.

*

Os dias são cada vez mais velozes, as noites lentas, pois o eixo da Terra se desaprumou.

*

As marcas de civilizações adormeceram nas areias.

*

A revolução, entre poder, violência e dissolução, cria um círculo de excesso, onde se acostumou e de onde não quer mais sair.

*

A democracia, muitas vezes, se alicerça em sangue humano inocente, alimenta-se dos próprios escombros, sem nenhum epitáfio.

*

Não é na alegria, nem no gozo, mas no sofrimento que se fareja o vulnerável peso do amor.

*

Pobre felicidade humana que não sabe onde pousar a cabeça.

*

A chama tortuosa dos vivos e a negra chama dos mortos.

*

A cólera é a língua sem freio, ou a carroça da fala descendo lomba abaixo.

*

Os mortos não pagam dívidas nem agravos.

*

É o engano que julga ao enganador.

*

O medo equilibra a sensatez e o terror desequilibra o medo.

*

A história são gotas de água no surdo balde da civilização.

*

O sossego cresce tais as folhas na árvore e com o vento, tomba como fruto.

*

O inferno é o silêncio no fogo de não haver palavra.

*

O real nos atravessa, quando atravessamos o real.

*

A tumba não ampara, afunda na boca dos insetos.

*

Só o que é vivo cria.

*

A culpa captura a consciência, como o anzol ao peixe.

*

O que tem forma sobrevive.

*

Ignoro se é mais clandestina a vida ou a morte. Mas intruso sempre é o esquecimento.

*

A intimidade com Deus, quando muito visível, através dos burocratas da fé, produz perseguições mais pungentes ou tortuosas do que a política.

*

A monotonia é repetição da grandeza.

*

O esquecimento corre como um galgo atrás da caça.

*

Em nós o que respira, teima.

*

Só perdura uma estirpe: a dos vivos.

*

O tempo é mais confuso do que os homens. E a inanição é a habilidade da república.

*

A estupidez é o prenúncio da derrocada.

*

Nossa estirpe é a que sobe da terra.

*

Os idiotas tomam o espaço do gênio e o gênio toma o espaço dos idiotas.

*

A dor de viver não derruba a noite.

*

A indiferença é a admiração que silenciou.

*

A loucura é a minha matéria indomável.

*

Os mortos têm sua própria ideologia.

*

Sem desígnio, o espetáculo da inteligência é tão inútil como o da burrice.

*

Vemos pelo que nos excede.

*

O amor de um cão é tão forte que cria deveres. E tão grande que lambe nossas lágrimas.

*

Os eus se engravidam no ébrio.

*

O mundo acaba dentro de um ovo que não descascou.

*

O limite é logro do infinito.

*

Não há véspera no delírio ou na agonia. O que nasce súbito termina lentamente.

*

O progresso é degrau da justiça, advinda do desequilíbrio.

*

A sobrevivência é desprezo do tempo.

*

A ciência engole a ciência, como a uma pedra, o precipício.

*

Os homens na prisão perdem o rosto por falta de liberdade.

*

E até frutos da terra e do mar em cativeiro não possuem mais o sabor original.

*

Se a paz se retira de mim, é por também retirar-se o sangue.

*

Dormir é estreitar a terra.

*

A consciência tem a agudeza da morte e o remorso, a do esquecimento.

*

O supérfluo trabalha mais do que o abundante.

*

Inventa-se muito por deficiência.

*

Apenas o sono e a morte me ajudam a calar.

*

Para o dedal dos vivos a agulha dos mortos.

*

O que me vive é o que me mata.

*

Só os vivos conhecem e interpretam os vivos.

*

O mundo me foi escrevendo, riscando o solo, ganindo e farejando como um cão.

*

A mágoa pode gastar a alegria, como a formiga às ervas.

*

Há uma ordem civil na morte.

*

Tristeza que se atrasa é saudade.

*

Não adianta ter a pátria na cabeça. Pátria é sangue.

*

Ao se entrar na loucura, é difícil sair. E nem a razão a distrai.

*

A noite é um estado de água presa na rocha.

*

Quem rasteja não somos nós, é o segredo da morte.

*

A dor não tem filho. Pare a si mesma.

*

Velhice, alfândega do corpo.

*

Nada se desapega tão veloz como o tempo.

*

Sou de uma raça que não cai.

*

As ruínas me trabalham.

*

Civilizei a morte.

*

O que se vive se cria de não morrer.

*

Santidade é um começo da alucinação.

*

Dormir é uma onda mortal.

*

Sou uma pedra que tombou e não levanta sozinha.

*

Gênio é qualidade de abismo.

*

A morte, de idade adulta, velozmente principia a envelhecer.

*

A morte não sabe morrer.

*

A infelicidade de uns se compensa com a de outros.

*

O desamparo tem infalível pontaria.

*

O amadurecimento, sinal prévio da desagregação.

*

Morro por não morrer.

*

Todas as teorias me recusam.

*

Energia atômica é a imaginação.

*

Ninguém civiliza o amor que insiste em ser bárbaro.

*

Os fantasmas da academia se interpenetram e se parecem e não deixam a imortalidade dormir.

*

A morte, que é sonâmbula, escapa da morte.

*

Na ficção a mentira assume rosto de verdade.

*

Como será a chuva no dia de minha morte?

*

As coisas envelhecem sozinhas.

*

Saio da palavra para sair da morte. Mas não é a palavra que mata. A palavra engole a morte. Depois fica jiboiando calada. E continua palavra. Continua, continua, comendo a morte.

*

Os pequenos crimes não poupam os grandes, nem se compensam.

*

A morte não carece de semente para brotar.

*

Os fragmentos dos ossos se decompõem, mas minha matéria é una.

*

Quem ouve o silêncio é a pedra. E o silêncio é quando a maré dorme.

*

Os mortos não têm tempo de se explicar aos vivos.

*

Quem odeia já começou a perder a humildade.

*

O que é vivo nos consome. E o que é morto nos apodrece.

*

A longevidade tem manancial na ponta.

*

O país está bichado. Só ficou o caroço.

*

Escuto o que cada coisa quer dizer.

*

O que é vivo não tem pudor.

*

A dor não quer etapas, quer sossego de continuar doendo.

*

Delírio é a complacência do gênio.

*

O animal da nudez.

*

A grandeza não tem moitas.

*

O abismo incomoda. Não gosta de ver, nem ser visto.

*

A pata humana é o terror.

*

Há arrabaldes na lucidez e na demência.

*

A indulgência com políticos corruptos demarca cumplicidade de abismo.

*

Devemos segurar a palavra, para não ver seu desgaste, ao não cumpri-la.

*

A dor não tem cor, tem ave dentro.

*

A raiva é desamparo. Em lugar do homem, vem o cavalo.

*

O amor se evapora no medo.

*

O poder, tigre que não se alimenta com ração de gato.

*

O sofrimento quando é constante, profundo e aceito atinge o extremo da alegria.

*

O mal que é feito uma vez dói mais do que o costumeiro bem.

*

A morte apenas é insuportável para quem fica.

*

O músculo da paz entre as nações é a guerra.

*

Nós mudamos o mundo, ou o mundo nos muda. No primeiro caso, vivemos. No segundo, toleramos.

*

Quando os juízos roubam, os arrombadores de cofres são perdoados.

*

Suspeita-se o gênio quando tentam isolar alguém.

*

O ódio mais refinado tem ares de generosidade.

*

A glória é o círculo do nada.

*

Um alto posto sem possível condição física é cavalo de Tróia. Algo se prepara por detrás.

*

A tristeza não tem pensão, mas tributos de mágoa, rancor, solidão. Ou a correção monetária do silêncio.

*

A aranha tem vocação de urdir e não falha. Quem tenta imitá-la deixa a alma na teia.

*

A morte não civiliza a morte.

*

Animal não tem dever, tem existência.

*

Contemporâneo é o que devagar nos alcançou.

*

O mundo só se move de não mudar.

*

A desigualdade da morte não poupa nem as Parcas.

*

Ambição com ambição se paga.

*

O interesse, cúmplice da intriga. E a intriga, cúmplice da inveja.

*

A mentira corre mais do que a verdade, mesmo que tenha calças curtas.

*

A inteligência só serve para justificar os erros.

*

A necessidade é mendicante e se vende fácil.

*

Os que herdam do avarento ficam pobres.

*

A desordem é a ordem do crime perfeito.

*

A ficção se molda nas sensações e essas, nos sentidos. Somos a palavra dos seres, somos os seres da palavra. No entanto, tudo o que se designa nos nega, de tanto que é real.

*

A estupidez não equilibra o juízo, nem o juízo à estupidez.

*

O gênio não tem registro.

*

Os gotejantes meandros da astúcia.

*

Todas as árvores acordam o olhar de um cão na janela.

*

Remendam-se direitos com direito, até não haver mais nenhum.

*

Nossas letras envelhecem; o alfabeto não.

*

O verdadeiro enredo é por dentro da palavra, não por fora.

*

Eu não invento, é a palavra que me inventa.

*

Não há resposta que substitua as perguntas.

*

A eternidade acaba e começa no orvalho da manhã.

*

A velhice distrai a memória.

*

Não escrevo para melhor ou pior, escrevo para esticar a realidade.

*

Choramos por ver demais o que nos fere. Choramos com a imaginação.

*

Quem perde memória perde sangue. Quem perde sangue perde palavra.

*

Quanto mais vida, mais se absorve a vida.

*

A morte apenas contamina a morte.

*

O exílio não tem pátria.

*

A espera é um poço que morre de sede na esperança.

*

O mito se apodera da memória e a memória encolhe sem o mito.

*

É uma dor ouvir de um filho que não participamos de sua infância, quando ali estivemos e não nos viu.

*

Os vermes engordam de tanta glória sob a terra.

*

Todos os cavalos da memória dormitam na estrebaria do esquecimento.

*

A morte, desocupação de espaço.

*

O inventário é a guerra, depois da paz.

*

Paga-se tudo com tudo e nada com nada. Paga-se consciência com consciência; esquecimento, com esquecimento.

*

Qual é o testamento da ambição, senão a penúria?

*

A suspeita é o arrimo da razão e o desequilíbrio da fé.

*

O ridículo começa solene e termina patético. Ou não termina, explode.

*

Delírio: perfeição da loucura. Loucura, delírio desintegrado.

*

O que se padece mais é o que não se viveu.

*

A morte não é racionável. Por ser imposta e trituradora. Perdeu o siso desde a infância. E a infância desde o tino.

*

A transgressão continuada embrutece por dentro.

*

Águas passadas roem os moinhos.

*

O caminho tem uma pedra. Se a tirarmos, avançamos. Se nos distrairmos e a deixarmos, cai sobre nós. E até nos esmaga.

*

É mais fácil viver do que lembrar.

*

O exílio não tem pão, tem pedra.

*

O prazer é o início vacilante da dor.

*

O mundo da técnica não deixa de ser caverna. Mas é iluminada.

*

A imortalidade come a imortalidade e os nomes desaparecem sob o musgo da glória.

*

O caos é um elefante que reina, mas não governa.

*

O esquecimento é mais rápido do que a memória.

*

A luz não é punível, nem possui pátria alguma.

*

O adeus tem a natureza na cara.

*

A inteligência comete loucuras, que só a loucura pode corrigir.

*

O espelho tem os olhos para dentro e o sonho, para fora.

DA SABEDORIA E DO EQUILÍBRIO

O TEMPO ALCANÇA os homens, mas os homens não alcançam o tempo.

*

O pequeno que se faz grande e o grande, pequeno.

*

O estado latente é o amanhecer.

*

Até o último sopro paga-se a felicidade.

*

A tragédia só ensina, não aprende.

*

A felicidade tem medo de ser feliz.

*

Quem vê devagar vê longe.

*

O homem, em regra, não suporta o poder, nem o poder suporta o homem.

*

O raso é mais fundo do que o fundo.

*

O mágico é desigual e íngreme.

*

Até o mal exige integridade.

*

O que cai da onda não é peixe, é a manhã.

*

A vida precisa de tempo para ensinar a viver.

*

O trabalho é a fadiga do equilíbrio.

*

A glória é lapidada pela água.

*

O que mastigamos nos mastiga.

*

Envelhecer é economizar infância.

*

As ideias se reproduzem na luz, umas das outras.

*

Quando a idade chega bem depois de nós, é por causa da trepidação da infância.

*

Cada geração é como pedra levada ao alto do monte e depois jogada abaixo.

*

Não somos nós que alcançamos a juventude, ela que nos alcança.

*

Não falarei aos homens, ouvirei os peixes. Talvez me expliquem a razão dos homens.

*

Contemporâneo é o que lê no tempo a história.

*

A moeda pode enquanto não se acaba.

*

Gerações se erguem como vagas: a posterior destrói a anterior e depois com mais vigor a anterior se eleva.

*

É a matéria que desagrega o tempo.

*

Só reconheço um gênero, o humano.

*

O mistério só se trai no mistério.

*

O gênio tem uma nova civilização, repleta de infância.

*

A verdade é a ordem do que fica.

*

O instante não se salva de si mesmo.

*

O oceano nos lê, sem que percebamos.

*

A glória é o último sussurro da imortalidade.

*

A idade da imaginação é a da memória.

*

Os espelhos têm olhos ambíguos e antigos.

*

O que me usa é a graça de transbordar.

*

Não seguro a palavra, ela que me segura.

*

A palavra começou a sair, quando comecei a calar.

*

As ruínas não dormem e é preciso escutá-las.

*

O silêncio é o exílio da palavra.

*

A lucidez é a sinceridade da razão.

*

Quem muda de pátria ganha outra. O exilado nunca consegue sair do cais de onde se foi.

*

A história se humaniza quando a descobrimos. E se torna mais viva quando a inventamos.

*

Nós é que criamos a realidade, não é a realidade que nos cria.

*

Onde há justiça, é necessário misericórdia. Uma não coexiste sem a outra. Como cordas que vão sobre o precipício.

*

O peixe que ensina a água, não a água que ensina o peixe.

*

Transeunte é a epiderme da alma humana. É melhor não julgar, para não sermos julgados. O que é juízo, para alguns é salvação e para outros, equilíbrio.

*

O silêncio tem ouro dentro. E a palavra, água.

*

Os filósofos são engraxates da racionalidade.

*

A ordem demasiada é a desordem da liberdade.

*

A águia não é reconhecível apenas pelo bico. Mas pelo faro e pelas asas.

*

O que não se queima não consegue cavar a luz.

*

Na justiça a flecha não tem arco: o arco é a flecha.

*

A memória não sabe da memória, como um trem que chegou e foi embora.

*

O que pesa é o que envelhece: conhece juventude a leveza.

*

Inteligente é a mudança dentro da mudança. O que para se apaga.

*

Sou de uma civilização que sumiu e está voltando para mim.

*

Os grandes homens olham adiante, por já estarem lá.

*

Quem quer despertar o mundo, que primeiro desperte a si mesmo.

*

Não há juros no equilíbrio.

*

Somos a medida do que nos ocupa.

*

O que se empresta é perda. O que se dá, ganho.

*

Se abraçares a dor e não fugires dela, a dor fugirá de ti.

*

A liberdade morre na liberdade e o homem não sabe.

*

O que me encolhe é o possível: o impossível me compreende.

*

A sede antecede à fonte.

*

A gota de areia preserva o mar.

*

A linguagem é nuvem: o vento é o povo.

*

Aprender a perder é o início do triunfo. Uma recusa agora significa portentosa afirmação adiante.

*

Guarda tua palavra: é interior de tua casa.

*

Ao falar dos outros, falamos de nós.

*

O homem sacia a sede, ou é a sede que inventa o homem.

*

Onde não vige a razão e é outro saber. O que parece inútil é que tem serventia.

*

Não se remenda penúria. Por se isolar.

*

O esquecimento é a mortalha dos vivos.

*

Só o que voa, sabe. Pesa de existir.

*

O que se aparenta grande é menor; o que se aparenta menor é grande.

*

A boca não deve ser mais íntima do que a palavra.

*

A profundidade não se exibe, nem ousa. É a parte mais límpida do rio, que sobe à tona. O que turva é retórica.

*

Ignoro como a semente dorme, se de barriga para cima ou para baixo. Mas sei como caminha.

*

Cuido de que a semente de cavalo não se plante em mim como um gerânio.

*

Não quero corromper a palavra, nem ela me corrompe. Quem tira água da pedra tem muita água.

*

Não digo adeus. A saudade gera o que não existe.

*

De tanto estranhar-me, cheguei a ser eu.

*

Não sou eu que crio o silêncio: ele que me cria.

*

Inventar é a forma de recuperar saudade.

*

Vivo no raso para depois voar mais alto.

*

Acreditem em mim: sou a palavra inteira.

*

A palavra só se abre ao parir.

*

O que não sei já sei na espreita de tanto saber.

*

Quando se é maduro? Quando se morreu.

*

A saudade da pérola se oculta dentro da ostra.

*

Não há gêneros. Só o gênero humano.

*

A derrota pode ser começo irreparável da vitória. No romper do limite, o impossível é a lei.

*

A sensatez tem graus; o equilíbrio, paciência. Mas a loucura é a enfermidade da razão, ou insensatez do equilíbrio.

*

Há palavras que são atos e atos que pesam como palavras. Mas deve-se cuidar das muitas palavras que se escondem como disfarces do verdadeiro rosto.

*

Às vezes não são as palavras que pesam, mas os sonhos que elas carregam.

*

O instante se amontoa de abelhas na pressa. O instante fica e eu vou.

*

O que se apaga em nós já se apagou bem antes.

*

Há esperanças que não vêm, como árvore sem frutos. Mas as que chegam têm arrimo de longevidade, ainda que demorem.

*

A vida não é concreta na casca, mas ao atingir o caroço.

*

Não sei se são qualidades ou defeitos que me sustentam.

*

O que não nos entende é o que, sem reparar, já entendeu.

*

Calar é casulo de vento ao redor.

*

O anônimo se esconde no clarão.

*

Por que buscar sensatez na tempestade e prudência nos brutos?

*

Ninguém sabe quanto floresce ou envelhece um cavalo nos olhos do dono. E engorda o pasto.

*

O tempo é surdo de ver. E velho demais para ouvir.

*

A sombra é o pó que voa.

*

As pegadas da noite estão nas pegadas do homem.

*

O galo prende no bico o dia.

*

Exatidão: matéria do invisível.

*

O silêncio serve à palavra.

*

A noite é quando a natureza pensa. Ou pesa o andar do dia.

*

Entender é ensinar com os olhos.

*

A autoridade não vem do tempo, quando somos simples e tangíveis. Vem da posteridade, que não tem concorrência.

*

Deter o povo em marcha é deter um vulcão que irrompe.

*

Quem com nuvem fere, com nuvem será ferido.

*

O que parece não ter importância alguma pode ter um absurdo significado. O que se esconde é o que fulgura.

*

A terra que está dentro de nós luta com a terra que está fora.

*

O gênio não depende do homem, como o homem depende do gênio, onde às vezes se esconde.

*

A palavra é semente que não acaba.

*

Talvez apenas a sede seja livre.

*

A excessiva inteligência tem sonolências.

*

Entre o estado de burrice e inteligência, difícil é chegar ao normal.

*

A imperfeição é perfeição que se descuida.

*

Se a máquina pensa por nós, sente por nós, vive por nós, por que não pode morrer por nós?

*

DA CORAGEM, DA PERSEVERANÇA E DA HUMILDADE

O SONO tem pálpebras e me vê.

*

Forjar a paciência na aflição e forjar a espera na paciência.

*

As palavras se curam entre si.

*

Forjei a paciência na aflição e forjei a espera na paciência.

*

Água de tanto bater enlouquece a pedra.

*

O futuro está todo engolido de vento.

*

Ao se escrever menos, erra-se menos, mas também bem menos se acerta. Com exceção de alguém tão certeiro que no pouco alcance o infinito.

*

A inocência possui, às vezes, uma crosta obscura ou em chamas.

*

Casca de árvore, o homem.

*

O que não ostenta não corre risco. O que silencia vai no escuro.

*

Segura-se a palavra, quando não se pode segurar o futuro.

*

A humildade se sustenta de amor. Ao se negar, o homem se ergue.

*

Não posso adiar mais o que me adiou.

*

O futuro não é escasso, é devagar.

*

O impossível é a névoa que se atravessa até o possível.

*

A posteridade não possui atalhos, nem minúcias. Só as árvores serão vistas, não os grãos.

*

Há poemas em que as palavras morrem de sono.

*

A revelação se torna, devagar, justiça.

*

No devagar se vê mais longe.

*

A liberdade: círculo do vento.

*

A tolerância é a lucidez da bondade.

*

A arte se mune de enigmas. Não é lógica, é palavra que tem dentro o abismo.

*

O ruído soluçante do silêncio.

*

O oceano é árvore, com ramos de peixes, folhas de água e no cimo, o sol.

*

A casca das idades recobre o homem.

*

O silêncio tem flor, mas não tem semente. Respira para dentro.

*

O que suportamos nos suporta.

*

A herança que meu pai deixou: cresce, quando não a busco, e some, se a procuro. Como se tivesse vida própria.

*

Podemos ter as infâncias que quisermos.

*

Não se sustenta um amigo sem humildade. E pelas falhas se reconhece a grandeza.

*

O pensamento caiu de sono. E o sono, de pensamento.

*

Por mistério de seiva, os anões multiplicam os anões, quando os gigantes somem.

*

É vagarosa a glória do triunfo.

*

O que está pronto a perder já encontrou.

*

O profeta, quando verdadeiro, é um ser perigoso. Porque a profecia é que o escolheu.

*

Fui salvo de mim mesmo pelo soluço.

*

A glória não sabe o que fazer de mim, nem eu o que fazer dela.

*

A profundidade do silêncio é intraduzível. Apenas se sabe que cai como pedra.

*

Morrer é de novo entrar no óvulo.

*

O bom senso pode sobreviver na demência.

*

A estranheza é um golpe de intimidade.

*

A coragem tem fumaça, porque queima e resiste por não se render de avançar.

*

Ser profeta é suportar o futuro.

*

A água não para no instante.

*

Não se abdica da infância, ainda que ela desista de nós.

*

Estou vencendo de tanto que fui perdendo a vida.

*

Era tamanha luz que ficava na sombra.

*

A bordo do navio as águas são iguais. Só as rochas mudam.

*

A amizade se sustenta de paciência, culpas, desculpas.

*

A longevidade é a solidão prolongada.

*

O que é comum não fere.

*

O limite é a vitalícia glória.

*

A natureza é um relógio que vai atrasando a corda.

*

O excesso de esperança corrói a paciência.

*

O silêncio é um crustáceo dentro de outro.

*

Toda a minha desumanidade foi jogada ventre afora. E o humano é tão remoto.

*

O silêncio, profundeza de um elevador no poço.

*

Como livrar-me da canga de ser eu?

*

Não é o escuro, o claro é que se faz ilegível.

*

Por que temos de entender a vida, como leite derramado na alegria?

*

Precisamos do impossível e ainda é pouco. O possível é que se torna, por vezes, demasiado.

*

Como segurar na água a sede?

*

Tenho sementes na mão: há que vigiar para que as aves não as comam.

*

O tempo me fareja como um cão a seu osso.

*

De nascença conheci a esperança, só que ela nunca cresceu.

*

Endoideci na luz, ou ela me endoideceu de tanto que vi.

*

Só o cavalo lá fora conhece o que vai dentro de mim.

*

A palavra tem ossos e o pensamento, músculos.

*

Nasci com a cabeça para fora da árvore. Estremeço a floresta, porque sou diferente. E a diferença é voraz.

*

A palavra parou na boca da semente e eu parei na boca da palavra.

*

Todas as minhas palavras são sopradas para não morrer.

*

Os passarinhos ficaram palavras e eu, passarinho. Mas desapareceram quando viram que eu também voava.

*

A piedade vai esgotando a misericórdia.

*

As frestas aparecem, ao despertarem. E são nossas.

*

Quanto mais junto à terra, mais forte. Ela nos restaura e levanta. Casa que não desaba.

*

O esquecimento é o remorso a longo prazo. Com pudor de voltar.

*

Confiada a água não olha o fundo da água. E é o fundo que a julga.

*

A velhice reinicia a juventude quando dura e a juventude na velhice pode ser mortal.

*

Ninguém cochila por acaso. Nem na loucura.

*

Fora da bainha sou como faca que perdeu o tino de se guardar.

*

O sol desce ou se levanta, apesar de nossa agonia. Ninguém vê quão duro é sobreviver.

*

Todos os acontecimentos são futuros, até os passados.

*

A demora não é juízo, é prova de madureza.

*

A perfeição é a complacência do tempo.

*

Toda esperança é quando ainda há algo a encontrar.

*

Lágrima é o suor da fonte.

*

O deserto, por ser vivo, é mortal.

*

Não há armadilha capaz de segurar pensamentos.

*

Enquanto trabalhamos, resistimos. Cavamos para dentro do nosso próprio poço.

*

Estou tão velho que não tenho mais como morrer.

*

A mão envelhece por se cansar de ver.

*

Quando tudo for ruínas, tudo brota.

*

A madrugada é tão longeva que se enruga na luz.

*

O que demora já aconteceu no escuro.

*

O impossível é tão real quanto o ar. Basta respirá-lo.

*

Escreve-se na areia o vento.

*

A imortalidade tende a emagrecer.

*

Os filhos reclamam sempre direitos e os pais, memória. E a esses, por vezes, até memória lhes é negada.

*

Confusão também é percalço de grandeza.

*

Não somos nós que vamos correr atrás do tempo, é o tempo que vai correr atrás de nós. É questão de espaço.

*

Envelhecemos de esquecer.

*

A estranheza é uma casca desabotoada na memória.

*

O esquecimento é a melhor fama.

*

As buscas é que arrancam da espera, a esperança.

*

A humildade, suprema inteligência.

*

O que é humano não sabe, descobre.

*

Terrível é termos que nos suportar. Até os ossos.

*

Reformar para o futuro é reformar a neblina.

*

Os erros incomodam mais do que os acertos que nos alegram.

*

Viver é contar os danos na esperança.

*

O escombro aguça a perfeição.

*

DA IMAGINAÇÃO,
DO SONHO E DO AMOR

O AMOR desequilibra o mar.

*

Tudo se perde. O que se salva é saudade.

*

Onde a razão predomina, o amor definha.

*

A saudade tem ondas e faz voltar ao mar.

*

A superável felicidade goteja mesmo no amanhecer sem estrela e com som do amor possível.

*

A saudade é um tempo que nos fica olhando de outro lado.

*

A beleza é feita de coincidências e volúpias que se cruzam com harmonia.

*

Não é preciso convencer o que se sonha.

*

Viver é se economizar por dentro, não por fora.

*

Envelhecer de coragem.

*

O mel é o sonho das árvores.

*

A saudade se encomprida de mim.

*

A natureza me pensa.

*

O livro tem pele de alma.

*

A infância das nações guarda o sabor misterioso de nossa infância.

*

O amor traz junto a si fragmentos do paraíso.

*

O que escreve nas margens dos livros, escreve na margem da imaginação.

*

As palavras hibernam, mudam de pele e sonho, emigram ao paraíso. Poeta é o que as contempla, livres, no jardim do éden.

*

O amor é um rio adotivo.

*

Vivo numa infância jamais abolida.

*

O poema é o triunfo das palavras.

*

Esperar, desesperar a espera, até que seja árvore com frutos.

*

Se é amor o que queima, também aquece.

*

O que fala por dentro, fala mais longe.

*

A imaginação é a minha juventude.

*

O sopro precisa de palavra e a palavra precisa do sopro. E o limo, das marés.

*

A arte não se prende: vive de superar a realidade.

*

Loucura é não achar mais a infância.

*

A poesia pode ser escrita por alguns, mas é para ser vivida por todos. A palavra é propriedade do sonho.

*

Que será do amor, sem os que se amam?

*

O conhecimento é a continuação das árvores e a intuição, continuação do vento.

*

O conhecimento cria a sua própria lâmpada.

*

O passado escolhe o historiador e o futuro, o poeta.

*

A beleza é um navio adormecido no cais. E se navega, empurra a linguagem.

*

O amor com as folhas enverdece.

*

Os olhos das imagens são os olhos das palavras.

*

Nascer e amar é encher a alma de olhos. Morrer é sair a alma pelos olhos.

*

A felicidade nos transforma em andorinhas. Só que não voamos.

*

O sonho vem a cavalo.

*

O que enlouquece é a razão, não o sonho.

*

A memória é um relógio da infância.

*

A felicidade também forma alma. Mas se assenta, não voa.

*

O detalhe é às vezes mais importante que a essência.

*

Narrar não é um artifício da memória, é a memória do artifício.

*

O coração é um animal que arqueja na clareira do mundo.

*

O poema só altera o que soma.

*

A graça é a profecia sem ruído.

*

Os fragmentos descobrem a obra.

*

O poema sobrevive, não por ser original, mas por ser perene. A prosódia é o sentido.

*

Tenho a memória da felicidade.

*

Somos respeitados e admirados. Mas só em nosso tempo nos amam.

*

A saudade guarda rugas na memória.

*

O que se paga de existir se compensa no sonho.

*

A virtude não necessita de civismo, mas o civismo necessita de virtude.

*

Viver tem todas as palavras; o amor, nenhuma.

*

As pegadas de ancestrais ou de grandes mestres estão na oralidade.

*

O amor passou, porque não o compreendemos.

*

A piedade não diz, soluça junto ao cântaro do coração.

*

Eu não conto o segredo deste amor.

*

Sem palavra o desejo cai no sono.

*

Saudade envelhece; jovem, tenro é o futuro.

*

A claridade tem amor por dentro.

*

A imortalidade adoeceu de fome. E a fome adoeceu de amor.

*

Só o amor coordena o que nos ultrapassa.

*

Alegria é sair para fora do equilíbrio.

*

O que não vejo, o amor entende.

*

As pedras só são felizes diante do sol.

*

A loucura se desequilibra ao ter muitas patas, mas voa ao descobrir suas asas.

*

Hesitando é que se planta a certeza.

*

Ver nos mantém vivos. E ouvir, acesos.

*

A imagem é o desenho do verso.

*

O gênio não tem paternidade. Só a inteligência e o desespero.

*

Só entramos no pampa, quando o pampa entra em nós.

*

O amor é uma toalha de tricô, a dois.

*

O que se inventa nos inventa. O que se descobre é o que nos encontra.

*

Não há épica sem a loucura da infância.

*

Uma obra se alimenta de fragmentos e eles, do todo. Como das cinzas, o fogo.

*

Eu te preservo, amor, em minha pele.

*

A flecha tem saudade do arco.

*

Qual a medida do abismo do coração?

*

O amor apenas possui uma razão: o ser que ama e é amado.

*

O demasiado senso é vital na juventude, perigoso e até mortal na velhice. Por cair, se elevando.

*

O sono não tem cheiro, mas a cor de nossos olhos.

*

Não se guarda rastro de desejo, quando revoam aves no sonho.

*

Apenas o amor possui humildade.

*

A epiderme que resiste é a dos sonhos.

*

A manhã é um animal de estimação.

*

A voz da fonte é a do repouso e conduz à infância.

*

Meu peito é o porão da noite, com seu novelo de astros.

*

O mundo apenas acaba quando o amor acabar.

*

O vagaroso cavalo do amanhecer resmunga orvalhos e lírios.

*

A amizade divide, o amor não.

*

Só o amor sabe encostar almas.

*

Fui desenhado com os bisontes na caverna.

*

Preciso dizer que amo antes de nascer. Depois será tarde.

*

Amar é um susto terrestre.

*

As coisas se dão abaixo do amor, como o céu abaixo das estrelas.

*

Amar é não saber mais aonde.

*

Não sou eu que repito; as coisas que me repetem.

*

Tenho um buraco na imaginação que não pode ser preenchido por um pássaro, mas por mais imaginação.

*

Quero reverdecer com o sol.

*

Amar é ficar com a raiz exposta ao vento.

*

O que se ama tem de ser devagar, sob pena de nos sufocarmos ou explodirmos com matéria demasiada.

*

Sou a minha estranha descoberta.

*

A beleza é o invólucro do clarão.

*

O meu cão é amor que não se mistura.

*

A realidade existe por causa da imaginação.

*

Respira-se de amor sem saber.

*

As coisas são bem maiores do que as coisas, quando sonhamos.

*

Quantas flores brotarão dos meus sonhos?

*

A mecânica da borboleta é a mesma dos sonhos.

*

O mágico se acende ou enfurece na imaginação.

*

O que invento já foi inventado dentro de mim. E se inventará sozinho depois.

*

O amor não vem da primeira vista, mas da última. Ao se armazenar de ver.

*

Sonhei tanto, que não posso mais morrer.

*

Empalharei a morte como um passarinho.

*

Quando me desequilibrei, o amor começou a brotar.

*

O que nos cura de amar nos cura de ter uma só alma.

*

A água é o espírito que se move ao sol.

*

Meu amor é o fogo puro que faz as coisas vagarem a sós.

*

Doemos de amor na respirável esperança. Ou é puro animal a esperança que se agarra.

*

A inteligência não tem cor de pele. Os livros dormem e achamos que estão perfeitos: apenas dormem.

*

A narina dos sonhos aspira o futuro. E o futuro não é dos homens, é dos pássaros.

*

O livro, ao nos ler, com seu amor nos julga.

*

Ousar é por inteiro.

*

A saudade calça as botas da memória.

*

Amor vem primeiro; aprende-se depois e somos inquilinos do paraíso.

*

Os velhos voltam à infância como os elefantes à terra natal.

*

Mais que o corpo, é a alma que faz amor.

*

O silêncio não precisa de impostor. É sempre o mesmo.

*

A beleza é a claridade que não morre.

*

O amor não engrossa no ódio. É limpo como faca presa aos dentes.

*

O cavalo envelheceu em mim e eu dele. Agora a lua me cavalga. E as estrelas.

*

A afeição é uma peça bem torneada e sem ferrugem.

*

Levitar é um périplo da infância.

*

Só o dia é meu contemporâneo.

*

O amor é escuro quando não se acha o fim.

*

O espelho é o rosto que imaginamos.

*

O que destila amor destila os sonhos. E os sonhos se encantam de amor.

*

Quanto mais se ama, mais se perde a medida do amor.

*

O saber é pote ouro de quem investiga, escava, mesmo no arco-íris.

*

Amar é cuidar. O mais é afetação vocabular, de brilho inútil.

*

Amizade é uma escolha de universo.

*

Os sentidos se acordam em amor.

*

A única igualdade possível é a do amor.

*

A infância é anarquista por excelência. Detesta a burocracia democrática dos adultos.

Frio é o ferro de passar o sonho.

*

Só muitas andorinhas fazem o céu.

*

É preciso dar tempo ao sonho. E dar sonho ao tempo.

*

Os cães conhecem melhor os homens do que os homens conhecem os cães.

*

Ralhei de infância, ralhei de nadas, ralhei por uma eternidade de amor.

*

O ócio é o progresso do artista.

*

O amor não sobrevive sozinho.

*

Meu cão nasceu póstumo e eu ainda terei que nascer.

*

O que vejo é na palma do céu.

*

A escrita é o sonho que se acordou.

*

O amor se abastece de mim e eu, do amor.

*

O que se descobre já se inventou.

*

A arte é a resistência contra a ferocidade. E o complemento que a existência insiste em nos negar.

*

O povo do vento não conhece escravidão.

*

A genialidade vigora até nos erros. Ou transforma erros em acertos.

*

A morte de um poeta faz brotar chuva nas raízes, abala a rotação da noite.

*

Tudo o que é matéria viva, se cortada, volta nos sonhos.

*

Tenho onde cair morto de esperança e cair vivo, entre os pássaros.

*

Quem tem muitos amores não possui nenhum. O afeto tem na fidelidade a marca registrada.

*

O mar é meu pampa e meu exílio. Tenho pedras e ondas nos olhos.

*

O coração só tem ouvidos quando ama.

*

Quantas gaivotas revoam sobre o nosso veleiro?

*

A humanidade é instinto da imaginação e a imaginação, instinto do gênio.

*

Nenhuma pedra me conhece tanto, nenhuma pedra é mais íntima do que aquela, derradeira, que me cobrir.

*

O conhecimento é o pó dos ossos. E a sabedoria, umidade que desce da rocha.

*

Cada vez que entramos num livro, ele muda como a água.

*

A oralidade é a efígie da fala no ar.

*

Somos enfermos de viver, mas o amor nos cura.

*

Paixão: fermento da loucura.

*

Morre-se nos filhos, nos amores, na arte, e de tanto morrer é que se ressuscita. A semente tem tirocínio de tempo.

*

A imaginação não pode sofrer de gota, nem a esperança, de inércia.

*

A imortalidade é sozinha, como a saudade.

*

Quando se fala com o coração, não se perde.

*

Quem tem amigo não morre no exílio.

*

Não há gratidão sem humildade.

*

Só o amor suporta o amor.

*

Não há lápide para os que permanecem vivos. Nem túmulo para quem muito amou.

*

A poesia luta contra si mesma, com um idioma que não carece de ser entendido.

*

De tanto existir no amor, aos poucos se encantou.

*

Escrever é queimar a luz.

*

O que é contagioso e póstumo: a grandeza.

*

Não podemos unificar a infância, a infância que nos unifica.

*

Saudade não tem voltas, só idas.

*

Não é o poeta que inventa a voz. Se verdadeiro, é a voz que inventa o poeta.

*

Inventa-se a infância, para nunca a esquecer.

*

O amor devora a solidão. E a solidão engole a memória.

*

Amar é ir-se libertando com a chama.

*

O que a poesia não sabe vai acontecer.

*

DA VIDA, DA ALMA
E DE DEUS

NO MUNDO, os segredos dos homens, cedo ou tarde, vêm à tona. Através de sinais ou penúrias. Os de Deus só na eternidade.

*

Nada se merece: tudo é graça.

*

Humanos, subimos com o vento e caímos com a sombra.

*

Se temos máscara, ela absorve o rosto. Deus não tem máscara, nem a eternidade.

*

A luz depura, a escuridão afunda.

*

Não há idade, há espírito.

*

Santidade, vaso polido, com a essência de Deus.

*

Deus enlouquece o homem, quando o quer arruinar.

*

O barro de que somos feitos é impiedoso.

*

Perder a alma é já não saber chorar.

*

A candeia do trigo é a luz.

*

Há um fogo que gasta a alma.

*

A quimera ajuda a encantar o espírito.

*

Ignoramos os desígnios de Deus. O sofrimento pode ser lucidez e a lucidez, enfermidade.

*

O que a Deus se faz é gravado em bronze. O que se faz ao homem é escrito no vento.

*

A idade não é um arco, é flecha. E voa.

*

A ambiguidade é o testamento do mistério.

*

Não há idade, há espírito.

*

O corpo é transitivo. O que permanece tem alma.

*

Soar é mudar o espírito de sopro.

*

O profeta está atento, alerta, mesmo que o homem nele durma.

*

Deus é quando o silêncio começa a falar.

*

A alma é um país de cegos.

*

O vazio tem eternidade.

*

O erudito tem a ciência dos livros e o verdadeiro criador, a ciência do universo.

*

O fundo de Deus é o insondável mistério da Unidade.

*

O que nasce, cedo ou tarde, vem à luz. É a lei.

*

Tudo está criado na memória. Basta acordá-la.

*

A simplicidade é água de fonte na montanha.

*

O segredo da alma é a palavra.

*

A língua de Deus não carece da língua do homem. Só o Espírito fala ao Espírito.

*

Deus só dorme em Deus.

*

O amor de Deus é tão grande que pode engolir o céu.

*

Úmido é o que está vivo.

*

O tempo é móvel e guarda saudade da eternidade. Mas a eternidade está acima da mobilidade e não tem tempo.

*

Tudo tem sentido em Deus. Até o que não existe.

*

Tiro dor do corpo, para que seja alma.

*

A vida é tempo e espaço. E o espaço às vezes é maior do que o tempo. Força é que os mortos cuidem dos mortos e os vivos, dos vivos.

*

Só há espécies entre os vivos, não entre os mortos.

*

Não somos donos da terra, a terra é que é nossa dona.

*

Não se educa a razão, educa-se a alma.

*

O tempo anda a cavalo e a eternidade, a pé.

*

O silêncio que revela a palavra, não a palavra ao silêncio.

*

Engraxar a alma de paz, não é engraxar as botas.

*

São nossas vozes que nos salvam da ruína.

*

Os vivos só se acomodam, quando se levantam e os mortos, quando dormem.

*

Antes trabalhava o fogo; agora é o fogo que me trabalha, até a depuração.

*

A palavra deve passar pelo fio da agulha do silêncio.

*

Guardo de Deus em mim a matéria imorrível.

*

O acaso é quando o que sucede começa, aos poucos, a transbordar.

*

O que nos esgota é o que nos fortalece. E o que nos fortalece nos transcende.

*

A harmonia tem temor por dentro.

*

A energia da verdade é a mesma do silêncio.

*

Silêncio do homem não é o silêncio de Deus que opera, salvo se o silêncio do homem for o silêncio de Deus.

*

O silencio é a paciência de Deus.

*

O que volta é o que não foi cochilando. Apenas acordou.

*

O mistério é a sociedade da alma.

*

Ninguém degrada a luz.

*

A verossimilhança é a arte de fazer arder a escuridão.

*

Como cada árvore é única, a obra original influencia, se reproduz, mas não é imitável.

*

Os céus, diferentes dos circos, não precisam de toldo.

*

O que é nosso, com fé no vagar se vai criando.

*

O mérito não é do homem, é da força de Deus no homem.

*

Os quilates de alma raramente se conjugam.

*

A luz não tem frestas.

*

Tudo no mistério emagrece. Até a imortalidade.

*

O acaso é um distúrbio da realidade. Mas no espírito inexiste acaso.

*

Não se funda nada mais pela espada, só pela palavra. E dela é tudo o que existe. Como no sopro, o espírito.

*

Graça, esplendor de Deus.

*

O antigo se disfarça no eterno, como os peixes, junto às algas.

*

Há um espírito do pampa, que nem o pampa conhece.

*

A luz não se corrói na luz e a escuridão é areia movediça da treva.

*

A verdade, ainda que tenha febre ou enfermidade, sempre reaparece noutra parte.

*

Lucidez na morte, sensatez na vida e loucura na obra.

*

O céu é de todas as aves voarem juntas.

*

O que não me criou é que me cria; o que não conheço é que me conhece; o que não sei é o que me sabe. E é onde vai Deus.

*

A alma não tem república e o corpo aguarda a democracia dos ossos.

*

Não tenho altura, só asas.

*

O céu é o mundo às avessas.

*

O sagrado é um lance que transcende o acaso.

*

Eu não me curei de ensinar a alma.

*

No arquejar das ruínas, é que emerge a vitória. Não como sonhávamos, mas como Deus sonhou. Que Ele sonha de cima para baixo e nós, de baixo para cima.

*

Existir é pegar a luz com a mão.

*

O que não nasceu não tem flor, fruto, história, por não poder morrer.

*

Não penso em nenhuma língua: penso em alma.

*

Um só sinal pode dar sentido a tudo. O nada não tem sinal.

*

O corpo, registro sísmico da alma.

*

O instante contém toda a história humana.

*

A intimidade de tua boca é a do teu espírito.

*

Só o humano pode absorver o humano. A animalidade na luz.

*

O Espírito não reconhece hierarquia, salvo a de Deus.

*

A mecanização do Espírito é o princípio do desastre. Tal o sangue que seca, por falta de seiva.

*

O que não dorme é de Deus.

*

As nuvens que subiram ao céu formarão chuvas, como o vinhedo, em tempo certo, os cachos de uvas. O que sucede na natureza sucede no espírito.

*

O demasiado senso é vital na juventude, perigoso e até mortal na velhice. Por cair, se elevando.

*

O crime não lava o crime. Mesmo que a lei o puna. Só água corrente, o perdão.

*

Achar casa é achar alma.

*

No tempo tudo pesa, na eternidade nada.

*

A matéria, empréstimo do espírito.

*

Estar sem Deus é insuportável e é igual ao lugar do silêncio.

*

A lucidez é o deserto sob o sol.

*

O humano é intervalo do divino.

*

Não cessa esta dor de haver nascido.

*

O que vai em mim é mais do que eu.

*

Inacreditável é a pele do absoluto.

*

A Arca de Noé do poente.

*

Quando nasci comecei a sair da alma.

*

Ninguém aprende sozinho com a luz.

*

Deus não perde nunca o caminho de Deus.

*

Morre-se antes, durante e depois. A ressurreição vem devagar.

*

O aparente equilíbrio pode ser um grande desequilíbrio às voltas com Deus.

*

A evolução da alma – de pedra para planta – é o mistério de dar flor.

*

Entrei em Deus: sou Dele.

*

Não há nenhum acréscimo de alma.

*

Deus é formoso até quando dorme.

*

A alma é o corpo de minha sombra.

*

Só Deus sabe o que fazer de mim.

*

Não posso trair o mistério, nem cortar seu cordão umbilical.

*

Quantas primaveras brotarão de minha morte?

*

Eu não me curei de amor. E a morte me curou de morte.

*

Respiro o divino, por suportar o humano.

*

O rosto, álgebra da alma. E não dá tempo às vezes para a definitiva escrita.

*

Onde riscarmos, a areia nos afunda em Deus.

*

A fé só pode duvidar de si mesma. Jamais de Deus.

*

Fui feito para nascer e nascer sempre até saber o que fazer da morte.

*

A coincidência é rastro invisível de Deus. Duas coincidências juntas formam o milagre.

*

A intensidade da alma possui graus.

*

O cavalo que está dentro de mim relincha para o que está fora.

*

Terra se come, para depois nos comer.

*

Não podia contemplar senão a morte e consta que ela não gosta de ser vista.

*

O espinho da carne é a alma.

*

Está com falta de ar? Está com falta de Deus.

*

A luz não se atrasa de palavra.

*

Não vivemos os mortos, eles é que, sem saber, nos vivem.

*

Vou tirar férias da morte.

*

Enterrar os mortos é plantar ressurreição.

*

Como é tátil a eternidade!

*

O que sei é glorioso e não se esgota na vida.

*

Não se abdica do futuro, que é Deus.

*

Estado de graça é quando a luz explode, de tanto nos explodir.

*

Matéria é cheia de alma.

*

Tem energia a santidade. Se levitar, não duvidem! Porque é o corpo que torna a alma leve.

*

Poemas podem no ar livre atingir a eternidade.

*

Eu não me envergonho de ser eterno.

*

A santidade é a loucura de nunca se arredar de Deus.

*

Há de às vezes calibrar a alma de vento para não murchar.

*

A alma é faísca, se tocar em Deus.

*

O espírito só tem fome de espírito.

*

O espírito não para de crescer até se perder em Deus.

*

Deus tem saudade da infância, como a grandeza tem saudade de si mesma.

*

E infância de Deus é bem antes do mundo.

*

Quero ser enterrado com os meus óculos. Não quero miopia na morte.

*

Não traio o milagre: dou tempo para que se cumpra. Opor-se ao maravilhoso é se opor a Deus.

*

Curar é tirar a alma do nada. E esquecer é tirar nadas de alma.

*

O rio é a perna de Deus.

*

Nada morre definitivamente, nem a morte.

*

Somos imaginação de Deus.

*

Dormimos todos iguais e acordamos diferentes.

*

A lei é guardiã da morte e a morte, juíza da lei.

*

A luz – não a treva – é o que há de mais secreto.

*

A bondade não se evapora do mistério. Como a maçã é unidade na árvore.

*

Os anjos somem dentro de Deus.

*

O amor é o hálito da luz.

*

Quero me perder em Deus. E de tanto encontrar, sem cautela se perde. Deus é quando o impossível terminou e principia a juventude da luz.

*

O escuro é onde Deus se esconde para nos ver melhor.

*

Como a água na água o espírito se move na palavra.

*

A semente é a herança das árvores e as árvores, herança do Éden.

*

A vida não se importa de gastar vida, como o fogo à lenha.

*

O rio de Deus não vaza água.

*

Deus anda dentro dos sonhos e os sonhos caem dentro de Deus.

*

Ferir aos que amamos é grande infelicidade. Ferir ao Espírito de Deus é a maior de todas.

*

O estado de graça é um estado de ressurreição.

*

O profeta só pode existir por detrás do menino.

*

Redemoinho, território de Deus.

*

O que parece não é; o que se esconde não ousa. O que possui grandeza age por inteiro e na luz.

*

Êxtase: estado de Anjo.

*

Inocência é o deixar-se levar pela criação, até a beatitude.

*

A língua é a prata do justo.

*

O espírito jamais será mecânico.

*

A palavra, sem a ação do espírito, é morta. E o pior é que ninguém a logra sepultar.

*

Só há duas idades: a de amar e morrer. E uma, jovem ou velho, a de estar vivo.

*

A tampa do caixão não é definitiva para os mortos. Só a república dos vermes.

*

Somos a humanidade. Se ela crescer, crescemos com ela; se cessar, cessamos juntos.

*

Tomar a cruz é tomar as estrelas no ombro. O peso diminui ao andar.

*

O vínculo entre o céu e a terra é mortal.

*

Família, humanidade conciliada.

*

A última palavra é o último silêncio.

*

A teologia não aprendeu suficientemente o fato de que Deus voa.

*

O que não nasce rebenta.

*

Sempre chegamos a um lugar, aonde não esperam.

*

O que voa fora das asas é alma.

*

A imortalidade tem onde cair viva.

AFORISMO

É um pequeno texto que expressa pensamentos, valores, preceitos e observações. Estilo muito presente na literatura e na filosofia. Leva a mensagem para o leitor de forma intensa sobre a percepção que o ser humano tem ou deve ter sobre o entendimento da vida, das suas verdades, das angústias, das dores e descobertas.

A palavra aforismo tem origem grega – aforismo (αφορισμός), que significa brevidade do texto. E carrega, assim, importantes conceitos, até mesmo pensamentos e sentimentos. Muitas vezes, utilizamos os aforismos para expor no momento, alguma questão de forma sucinta, impactante.

Segundo o grande *Dicionário Houaiss*, aforismo significa:

"Máxima ou sentença que, em poucas palavras, explicita regra ou princípio de alcance moral; apotegma, ditado".

"Texto curto e sucinto, fundamento de um estilo fragmentário e assistemático na escrita filosófica. Relacionado a uma reflexão de natureza prática ou moral."

Temos consagrados escritores e filósofos que são grandes aforistas: Carlos Nejar, Drumond, Nietzsche, Oscar Wilde, Fernando Pessoa, Sêneca, Platão, Schopenhauer, entre outros. Com grande capacidade linguística explicitam magistralmente o que, por vezes, queremos proferir ou asseverar de maneira sintética.

Nota do editor

DADOS SEM GENEALOGIA

Carlos Nejar, nome literário do Dr. Luiz Carlos Verzoni Nejar, nasceu em Porto Alegre (RS). Procurador de Justiça, atualmente aposentado. Radicou-se no Flamengo, na cidade do Rio de Janeiro (RJ). Atualmente, colabora semanalmente com uma coluna de domingo do jornal *A Tribuna*, o de maior divulgação de Vitória (ES). Eventualmente, colabora também com artigos no jornal *O Globo*, do Rio de Janeiro. Pertence à Academia Brasileira de Letras, cadeira nº 4, na sucessão de outro gaúcho, Vianna Moog. No ano 2000 foi secretário-geral e presidente em exercício da Academia. Foi eleito presidente emérito da Academia Brasileira de Filosofia, do Pen Clube do Brasil, da Academia Espírito-santense de Letras, da Academia de Letras de Brasília, de Cultura Portuguesa e da Academia de Ciências e Letras, ambas de Lisboa. Recebeu a mais alta condecoração de seu estado natal, A Comenda Ponche Verde, e mais tarde o Prêmio Açorianos de Literatura. E de Minas Gerais, A grande Medalha da Inconfidência, em 2010. Recebeu ainda a Comenda do Mérito Aeronáutico, no Rio de Janeiro. No ano seguinte, a Comenda Domingos Martins, da Câmara dos Deputados de Vitória, Espírito Santo. Chega aos 82 anos, graças a seu espírito renascentista, com fama de poeta reconhecido, tendo construído uma obra importante em vários gêneros – tanto no romance quanto no teatro, no conto e na criação infantojuvenil. Publicou a terceira edição, pela Editora Unisul e Ofício de Letras, no fim de 2014, de *História da Literatura Brasileira* atualizada, já esgotada, na qual assinala a marca do ensaísta. É considerado um dos 37 escritores-chave do século, entre 300 autores memoráveis, no período compreendido de 1890-1990, segundo ensaio, em livro, do crítico suíço Gustav Siebenmann (*Poesia y poéticas Del siglo XX em la América Hispana y El Brasil*, Gredos, Biblioteca Românica Hispânica, Madrid, 1970).

Teve sua *Poesia Reunida: A Idade da Noite e A Idade da Aurora*, Ateliê Editorial de São Paulo e Fundação da Biblioteca Nacional, 2002. Ao completar 70 anos, publicou a reunião da maior parte de sua poética, com *I. Amizade do mundo*; *II. A Idade da Eternidade*, Editora Novo Século, São Paulo, 2009. E *Odysseus, o Velho*, 2010. Novamente vieram a lume pela Ateliê Editorial, com apresentação do ensaísta Ivan Teixeira, *A Espuma do Fogo* e as *Antielegias* em Fúria Azul, em 2012. Saiu em 2018, no Rio Grande do Sul, o *Dicionário Carlos Nejar: um Homem do Pampa*, livro de arte, com verbetes, fotos, fortuna crítica do autor, publicado pela Editora Mecenas e apoiado pelo Grupo Záffari e Ministério da Cultura, organizado pelo poeta Luiz Coronel e sua equipe, integrando a coleção de livros de arte já dedicados a Guimarães Rosa, Carlos Drummond, Clarice Lispector, Fernando Pessoa, William Shakespeare, Érico Veríssimo, Mário Quintana, García Márquez, entre outros. Todos com um CD, de textos lidos por artistas. Pela Editora Bestiário, de Porto Alegre, foi publicada a versão nejariana da *Antígona*, de Sófocles, e sonetos do *Esconderijo da Nuvem*.

Suas antologias foram: *De Sélesis a Danações* (Ed. Quíron, SP, 1975), *A Genealogia da Palavra* (Editora Iluminuras, SP, 1989), *Minha Voz se chamava Carlos* (Unidade Editorial-Prefeitura de PA, RS, 1994),

Os Melhores poemas de Carlos Nejar, com prefácio e seleção de Léo Gilson Ribeiro (Editora Global, SP, 1998, agora em segunda edição, 2014); *Breve História do Mundo* (antologia), Ediouro, com prefácio e seleção de Fabrício Carpinejar, 2003, já esgotado.

Romancista de talento reconhecido pela ousada inventividade, entre suas publicações estão: *O Túnel Perfeito, Carta aos Loucos, Rio Pampa – O Moinho das Tribulações* (Prêmio Machado de Assis, da Fundação da Biblioteca Nacional, em 2000) e *O Poço dos Milagres* (Prêmio para a melhor prosa poética da Associação Paulista de Artes, de São Paulo, 2005); *Evangelho Segundo o Vento*. É autor de *Teatro em Versos: Miguel Pampa, Fausto, Joana das Vozes, As Parcas, Favo Branco* (Vozes do Brasil), Pai das Coisas, *Auto do Juízo Final* – (*Deus não é uma andorinha*), Funarte, Rio, 1998.

Em 2011, pela editora Leya, obteve a terceira edição de seus *Viventes* (trabalho de mais de trinta anos, espécie de *Comédia humana em miniatura*). Atualmente prepara a sua quarta edição, a sair pela Editora Life. Publicou, em 2012, *Contos Inefáveis* e o romance *A negra labareda da alegria* (2013), pela editora Nova Alexandria, de São Paulo. E *A vida secreta dos gabirus*, Editora Record, 2014, Rio de Janeiro; *Matusalém de Flores*, pela Editora Boitempo, no mesmo ano; *O Feroz Círculo do Homem* (Letra Selvagem, 2015), *A vida secreta dos gabirus*, no mesmo ano; em 2019, editou *Os degraus do Arco-Íris*, todos romances. Em 2015, também saiu a coleção de 14 volumes, de livros de bolso, da poesia esgotada denominada *O Chapéu das Estações*, pela Editora Unisul e Escrituras. No ano de 2018, publicou o romance *Explosão*, pela Secretaria de Cultura de Goiás, e o livro de poemas *Os Invisíveis*, pela editora Bertrand, Rio de Janeiro. No ano de 2020, completou sessenta anos de literatura, com a publicação, pela Editora Life, de *O Evangelho Segundo o Vento* (ficção), *Sélesis* e *Livro de Silbion* (poesia) e *A Tribo dos Sete Relâmpagos*, romance.

O escritor gaúcho, traduzido em várias línguas, tem sido estudado nas universidades do Brasil e do exterior. Foi indicado, no ano de 2019, ao Nobel de Literatura, com apoio da Academia Brasileira de Filosofia, Academia de Letras de Brasília, Pen Clube e inúmeras instituições culturais do Brasil e exterior.

CRÍTICAS SOBRE O AUTOR

"A ficção em Carlos Nejar irriga o território ainda reflorestado do romance brasileiro, com esse traslado semântico, esse tráfico e trânsito de símbolos, essa transferência de sentidos novos entre os gêneros literários."

CARLOS EMÍLIO CORRÊA LIMA

"Carlos Nejar assume uma condição luminosa. Profunda. E abre uma nova senda. Uma linguagem de pássaros. E mais: Nejar é um dos músicos raros de nossa língua. Não lhe faltam partituras."

MARCO LUCCHESI

"É uma beleza acompanhar os aforismos que o autor vai criando e recriando, além das máximas, também falsos provérbios populares, com a verdade tal que parece que sempre existiram e foram tirados da boca da vizinha."

ALBERTO DA COSTA E SILVA

"Carlos Nejar é um dos maiores inovadores da língua portuguesa (...). Com a celebração alquímica das palavras (...) Palavras, mais do que apenas transmutar os seres e as coisas, existe para criar o que ainda não existe. Sabe, a seu modo, o que Guimarães Rosa e Clarice Lispector sabiam: não somente o Verbo foi no Princípio, mas continua sendo o grande Inventor. Nejar é um transfigurador que não se contenta em transformar a realidade pelo que é dito, mas como é dito. E é assim que, trazendo a vida submersa à tona, pela reinvenção do Real, também faz uma mais profunda penetração nas máscaras do aparente."

VICENTE FRANZ CECIM

"Nejar incorpora de forma convincente, mas com modéstia em retirada discreta, a conquista dessa síntese, em tantos lugares desejados e tão raramente realizado, entre inovação e tradição, entre crítica de desconforto e esperança. Ele está entre os 37 poetas essenciais dos 300 Poetas Memoráveis da América Hispana e Brasil, no período 1890-1990."

GUSTAV SIEBENMANN, in Livro - Poesía y Poéticas del Siglo XX, em la Américana Hispana y el Brasil, Editora Gredos, Madri, 1999

"Assim o vate, concentrado e lúcido, achando fórmulas exatas, fulgurantes, em que irrompem perturbantes visões e vivências, vai tecendo o seu longo, sibilino texto (de textos), feito de palavra e sombra (...). Cada novo livro de (em) si próprio, no poço das origens: uma etapa de seu *Gênesis*. ...Na encruzilhada da tradição e do futuro, Carlos Nejar é um caminho diferente, um caso único no panorama da atual poesia em língua portuguesa."

JACINTO DO PRADO COELHO, Lisboa, 1977

"O poema nejariano é interminável em sua essência; por isso pode acabar sem fim, digamos, como os romances de Becket... Sua poesia realiza-se sob a forma de um permanente inventário das angústias e dores da condição humana."

ANTÔNIO RAMOS ROSA, Lisboa, 1973

"A grande revelação que tive dessa magna figura (Carlos Nejar) foi feita por estrangeiros, quando se realizou em Campos (...) um Seminário de Tradutores da Literatura Brasileira. Todos ficamos de certo modo surpreendidos, vendo que Nejar aparecia em primeira menção feita pelas figuras mais ilustres que ali acorreram (...). Verificamos quanto é possível que alguém seja lá fora um grande nome e aqui dentro (...) passe um tanto à margem de nossas preocupações."

AUSTREGÉSILO DE ATHAYDE, Rio de Janeiro, 1991, autor da Declaração dos Direitos Humanos e então presidente da Academia Brasileira de Letras. Este artigo foi publicado em mais de vinte jornais do Brasil, como *O Jornal de Comércio* e outros.

"A música é sempre, em última análise, mesmo quando mais sutilmente se esconde e disfarça, a componente vital da grande poesia (...). Arte poética, portanto, destinada a durar. Música ao serviço de um falar poético que é um compromisso feliz entre a nossa eliotiana conversa de todos os dias e aquele 'falar de certo modo como que acima da boca mortal' (...)."

EUGÊNIO LISBOA, Londres-Lisboa, 1979

"Poeta do tempo, do amor, da esperança, da morte e de Deus, tudo isso entretecido como fios de uma mesma urdidura, admirável e pessoalíssima, tal pode ser a suma da poesia de Nejar (...). Versos irremediavelmente belos (de Deus, obsessão de Nejar), cujo paralelo encontramos, talvez mais que noutros poetas, nas imagens de um Simone Martini, de um Paolo Uccello, de um Bosch, pintando a criação do mundo (...)."

ANTÔNIO OSÓRIO, Lisboa, 1979

PEQUENO COLOFÃO

    Se, para Jorge Luis Borges, o "prólogo é uma espécie lateral da crítica", o colofão é uma espécie subalterna da memória. E estes aforismos jaziam esquecidos num velho caderno de anotações, quando me descobriram e os fui despertando, com outros que vieram ávidos. Como pirilampos em torno da candeia. Ou a candeia acesa de relâmpagos. E recordei Goethe: "Esqueço o que escrevi, e acabo de chegar ao ponto de meus próprios escritos me parecerem coisa de estranho".

    Da Praia do Flamengo para a "Morada do Vento", na Urca, na mesma rua João Luiz Alves, onde morei. Rio, janeiro de 2019.

    Revisto em agosto de 2021. O servo da Palavra, Carlos Nejar.

Este livro foi impresso
na gráfica Oceano, em novembro de 2021.